AF144836

www.united-pc.eu

Sonja Daprelà

Magische Helfer

Fabelhafte Geschichten, die den Alltag erhellen

Vorwort

Liebe Leserinnen und Leser,

willkommen in meiner Fabelwelt.

Diese magische Welt soll Ihnen einen Einblick in Gefühle und Wünsche geben, die auch bei uns Menschen häufig auftreten.
Jede Fabel erzählt eine Geschichte von Tieren oder fiktiven Charakteren, die mit ähnlichen Herausforderungen konfrontiert sind, wie wir sie im Alltag erleben. Durch das Nachdenken über ihre Handlungen und Entscheidungen können Sie wertvolle Erkenntnisse gewinnen. Meist wird dabei eines der Tiere mit einer Situation oder einem Gefühl konfrontiert, während ihm ein weiteres Tier erklärt, wie man damit umgehen kann und wofür solche Situationen gut sind.

Lasst uns gemeinsam in die Welt der Fabeln eintauchen und von den Weisheiten der Tiere lernen. Ich wünsche euch viel Freude beim Lesen und hoffen, dass euch dieses Buch in schwierigen Zeiten begleitet.

Mit herzlichen Grüssen
Sonja Daprelà

Der Feuerdrache und Sein Freund der Wassergeist

Ein Giftzwerg versteckte sich hinter einem grossen Stein und wollte herausfinden, was der Feuerdrache und der Wassergeist denn so zu tuscheln haben. Leider konnte er nichts verstehen. Ein Luftstoss verzehrte jedes einzelne Wort.

Aber das war auch gut so. Der Giftzwerg hatte nämlich nichts Gutes im Sinn. Er konnte es nicht ertragen, dass sich der Wassergeist und der Feuerdrache so gut verstanden. Wie kann das sein, dass sich Wasser und Feuer so gut verstehen, fragte er sich.

Zwischen dem Feuerdrachen und dem Wassergeist bestand jedoch so eine grosse Freundschaft, die so schnell niemand auseinanderbringen konnte.
Und wie kam es dazu?

In einer lauen Sommernacht sass der Feuerdrache gemütlich im Wald und träumte vor sich hin. Plötzlich, aus unerklärlichem Grund, musste der Drache so fest niesen, dass er ungewollte Feuer spie. Da es schon monatelang nicht mehr geregnet hatte, und der Wald richtig ausgetrocknet war, fing alles sofort an lichterloh zu brennen.

Lautes Hilfeschreien weckte den Wassergeist auf und verwundert schaute er sich um. In weiter Ferne sah er am Horizont einen hellen Streifen, der gespenstig wild flackerte. Was ist da los, fragte er sich?

Schnell rannte er los, um nachzuschauen. Als er sah, dass fast schon der ganze Wald in Flammen stand, rief er alle seine guten Freunde. Bitte helft mir, den Wald und die Tiere zu retten.

Gemeinsam schafften sie das Feuer zu löschen. Von diesem Tag an waren der Wassergeist und der Feuerdrache unzertrennlich und beste Freunde.

Gegensätze ziehen sich an. Doch Freundschaft wird daraus nur, wenn sie sich ergänzen
Ernst Reinhardt

Fluffy und der Moment des Glücks

Wer ist den Fluffy?

Fluffy ist ein kleines Schweinchen, mit dunkeln Knopfaugen und einem kleinen Ringelschwänzchen. Er lebte seit seiner Geburt auf einem Bauernhof. Ab und zu schaute er den Wolken am Himmel zu wie sie so dahinzogen. Und jedes Mal träumte er davon einmal in die weite Welt zu ziehen. Es verging kein Tag wo er nicht daran dachte.

Eines Tages beschloss er durch das Loch im Zaun zu schlüpfen um die Welt zu entdecken. An die vielen Gefahren die da draußen lauern dachte er nicht.

Fluffy atmete einmal tief durch, dann zog er mutig in die Welt hinaus.

Er erfreute sich an den grünen Wiesen mit den schönen Blumen, an den summenden Bienen die umherschwirrten und an der strahlenden Sonne die hell und warum hinunterschien.

Fluffy war einfach glücklich und genoss den Moment.

Auf einmal erkannte Fluffy, dass es nicht viel braucht um glücklich zu sein.
Manchmal reicht nur ein kleiner Moment wie dieser um glücklich zu sein. Die schönen Momente einfach geniessen und dann im Herzen aufzubewahren für schlechtere Zeiten, das ist das Geheimnis

Glück, Sonne für die Seele

Ein Honigfisch in Quarantäne

Honiggurami, so heisst der kleine Fisch im neuen Aquarium. Seit Tagen schon schwimmt er müde, kraftlos und mit ganz traurigen Augen im Wasser umher. Er fühlt sich nicht wohl, mag nicht essen und hat keine Kraft. Das Schwimmen macht ihm offensichtlich Mühe. Er ist krank.

Eine Medizin soll helfen um den Kleinen wieder auf die Beine, beziehungsweise auf die Flossen zu bringen. Leider darf der kleine Fisch nun nicht mehr im gleichen Wasser wie seine Artgenossen schwimmen. Die Ansteckungsgefahr wäre zu gross.

Der kleine Fisch kommt in eine grosse Wasserschale mit frischem Wasser. Ein paar Tropfen von Heilkräutern ins Wasser, diese werden den Gurami schon wieder gesundmachen. Und so schwimmt der kleine Kerl in einem grossen Glas so ganz alleine hin und her und her und hin. Die Einsamkeit macht ihm jedoch noch mehr zu schaffen als die Krankheit selber.

Gurami lässt den Kopf hängen und wird sehr, sehr traurig. Doch plötzlich hört er aus weiter Ferne eine Stimme die ihm zuflüstert: „Komm Fischlein, mit dieser guten Medizin und ein bisschen Geduld wirst du es schaffen, gesund zu werden." Der Gurami fragt ungläubig: „Geduld, was ist Geduld und wie bekomme ich die?"

Geduld ist nichts anderes als die Fähigkeit, auf eine bestimmte Sache warten zu können. Geduld üben heisst, den Moment akzeptieren wie er ist.

Der kleine Igel und das Stachelschwein

Es ist Herbst. Der Wald zeigt sich in bunten Farben. Schwach und ganz dünn liegt der kleine Igel Wupps im Blätterhaufen. Er war soo müde, es war ein langer Sommer. Langsam werden die Tage kälter und kürzer. Es wird bald Winter und der kleine Igel hat immer noch kein Winterquartier gefunden. Ich muss bald etwas Passendes finden, sonst erfriere ich, wenn es so richtig kalt wird.

Als Wupps so in Gedanken versunken seine aktuelle Situation begutachtet, wird er durch ein rascheln im Laub gestört. Wer ist das? Ich muss mich verstecken und zuerst schauen wer das ist, sonst kann es gefährlich für mich werden. Seine Stacheln schützen den Igel zwar weitgehend vor natürlichen Feinden. Nur Dachse und U-hus können ihm wirklich gefährlich werden. Kleinere Igel werden auch von Mardern oder Füchsen gefressen. Der größte Feind des Igels ist jedoch der Mensch. Es musste also vorsichtig sein.

Zur selben Zeit streift das Stachelschwein Mucks im Wald umher und sucht mit seiner spitzen Nase etwas Essbares. Ein Stachelschwein frisst vor allem Pflanzen, besonders Wurzeln, Knollen und Zwiebeln, die Früchte von Sträuchern und auf dem Boden liegende Baumfrüchte. Selbst Kräuter und Baumrinden verschmäht es nicht. Maiskolben erbeutet es, indem es die Stängel durchbeißt, um so an die Kolben zu gelangen.

Während Mucks das Stachelschwein etwas Essbares sucht, hofft der Igel zitternd, dass das Stachelschwein ihn nicht findet. Doch sein Hoffen war vergebens. Plötzlich schnuppert etwas Weiches, Feuchtes an ihm herum. Der Igel schreit auf und sagte: „Bitte, bitte tu mir nichts!" Als Wupps die Augen öffnet blickte er in zwei kugelrunde Augen die ihn ganz freundlich anschauen. „Igel ich tut dir nichts."

Wupps war erleichtert und holte einmal tief Luft." Na dann bin ich ja froh. Ich habe nämlich die Befürchtung, dass ich den Winter nicht überlebe, denn ich habe Hunger und kein Winterquartier. Auch habe ich Angst, weil ich so klein und schwach bin, dass mir etwas Schreckliches passiert könnte."

Mucks war gerührt vom kleinen Igel und frage Wupps:" Willst du mein Freund sein, wir versuchen den Winter gemeinsam zu überstehen, was meinst Du?" Der Igel machte einen Freudensprung! „Das würdest du machen, liebes Stachelschwein?" „Sicher ja, wir haben etwas gemeinsam, unsere Stacheln und zu zweit sind wir stark."

Wupps war so froh und sein Herz war so leicht. Und… ich glaube, er war auch ein wenig in das Stachelschwein verliebt. Den Winter überstanden die Zwei zusammen und als der Frühling langsam erwachte, wussten sie, dass sie sich nie mehr trennen würden.

Freunde sind eine wichtige Stütze im Leben

Pyps und der Schatten der Furcht

Pyps, das einst lebensfrohe Äffchen, wurde von einem Dämon heimgesucht – nicht in Form eines übernatürlichen Wesens, sondern als quälende Angst. Die Furcht vor der Zukunft, vor Krankheiten und dem Versagen bestimmte sein Leben. Pyps lachte kaum noch und war ständig von Sorgen umgeben. Die anderen Affen bemerkten die Veränderung und beschlossen, etwas für Pyps zu tun. Doch welche Maßnahmen könnten ihm helfen? Alle bisherigen Vorschläge hatte er abgelehnt.

Eines Tages gingen sie zum Papagei Zorro, um sich beraten zu lassen.

Zorro weiss so viel, also kann er uns sicher sagen wie wir Pyps helfen können. Also, meinte Zorro: „Angst ist ein beklemmendes, banges Gefühl, bedroht zu sein. Das Gefühl der Angst ist eine normale Reaktion auf Gefahr. Sie soll Menschen helfen, die Ursache der Gefahr auszuschalten oder ihr zu entkommen. Dieses Gefühl kennt fast jeder Mensch. Manchmal sind diese Gefühle jedoch unbegründet und nehmen überhand. Die Angst darf nicht das Leben bestimmen."

Aber wie können wir Gips helfen? Als erstes sollte Pyps wissen das ein gesundes Mass an Angst ok ist und er das akzeptieren sollte. Es gibt einen guten Trick, die Angst in den Alltag zu integrieren. Gibt der Angst jeden Tag 10 Minuten Raum um dazu sein. Nach 10 Minuten verabschiedet man sich von der Angst ganz freundlich und sagt, du kannst morgen wieder für 10 Minuten kommen. Für heute ist genug.

Mit diesen Informationen gingen sie zu Pyps zurück, der immer noch traurig auf seinem Ast sass. Pyps war erleichtert als er hörte, dass fast alle auf der Welt, Ängste und Sorgen haben und das er nicht alleine war. Von nun an versuchte er jeden Tag 10 Minuten mit seinen Ängsten zu reden.

Und siehe da, es ging Pyps von Tag zu Tag besser. Und er wurde wieder das lebensfrohe Äffchen.

Ich hatte mein ganzes Leben viele Probleme
und Sorgen. Die meisten von ihnen
sind aber niemals eingetreten

Mark Twain

Lulu und andere schräge Vögel

Möwen sind laute Tiere. Ihr schrilles Geschrei hört man von weiten. Doch mit der Zeit kann die lästige Schreierei unangenehm werden.

So erging es auch Lulu, der Möwe. Sie konnte das laute Gezeter ihrer Artgenossen nicht mehr ertragen. "Was stimmt nicht mit mir?", fragte sie sich. "Ich fühle mich so unwohl bei meinen Artgenossen."

Lulu war zwar eine Möwe, aber jedes laute Geräusch verursachte ihr Kopfschmerzen. Sie konnte nicht mehr bei den anderen Möwen bleiben. Doch wohin sollte sie gehen? Was sollte sie tun? Ihr ganzer Körper sträubte sich, wenn sie nur daran dachte, mit den anderen Möwen zusammen zu sein. Sie verstanden sie nicht und lachten immer über sie. "Diese Mimose erträgt ja gar nichts", tuschelten sie.

Lulu wusste, sie musste weggehen! Hier fand sie keine Ruhe und Unterstützung. In Gedanken versunken, traurig und lustlos schlenderte sie langsam dahin. Plötzlich wurde es still um sie herum. Sie atmete einmal tief durch und spürte, wie ihre Energie langsam zurückkehrte. Nun wusste die Möwe, sie brauchte diese Ruhe und Stille, um wieder mitten im Leben zu stehen.

Mitten im Leben zu stehen bedeutet aktiv zu sein, das Leben zu gestalten, sich selbst und die Umwelt bewusst wahrzunehmen und somit ein Stück seinen Weg zu finden. Und genau das passierte mit Lulu. Die Stille gab ihr die Kraft, nach vorne zu schauen und ihre trüben Gedanken hinter sich zu lassen. Ja, sie war vielleicht anders als die anderen Möwen, aber sie war Lulu. Es gab nur eine Lulu, und diese Lulu war einzigartig und okay, so wie sie war.

Das Zauberwort heisst:

Selbstakzeptanz

Mona die Eule und der kleine Rabenvogel

Der Lärm so früh am Morgen war ungewöhnlich. Normalerweise schlief Mona die Eule, um diese Uhrzeit noch. Doch an Schlaf war im Moment mit diesem Krach nicht zu denken. Die meisten Eulen sind nachtaktiv – sie jagen in der Dunkelheit und schlafen tagsüber. Aber Monas Neugier trieb sie aus dem Nest. Sie wollte wissen, was tagsüber so los war.

Am Boden, völlig verdreckt, saß Gipsy, der kleine Rabenvogel, und schimpfte lautstark vor sich hin. Mona näherte sich vorsichtig und fragte: „Was ist denn los?" Gipsy seufzte: „Ich versuche seit Stunden zu fliegen, aber es klappt nicht. Ich fühle mich wie ein Versager."

„Warum das denn?", erkundigte sich Mona. Gipsy erklärte: „Bei uns heisst es, man soll nicht aufgeben und immer wieder probieren. Aber ich bin müde und mag nicht mehr. Wenn ich das zu Hause sage, wird nur geschimpft. Worte wie ‚Reiß dich zusammen' oder ‚Sei kein Weichei' fallen. Aber ich kann nicht mehr."

Mona rollte ihre großen Augen und begann zu erzählen: „Schau, Gipsy, hinfallen ist keine Schande, aber liegenbleiben auch nicht. Die Welt ist voller gut gemeinter Sprüche: ‚Think positiv', ‚Unkraut vergeht nicht', ‚Mache Fehler, aber den gleichen Fehler nicht zweimal', ‚Sei stark!', ‚Jeder ist seines Glückes Schmied'. Doch dein Herz flüstert: ‚Können wir kurz einen Moment aufhören, stark zu sein? Ich kann echt nicht mehr.'"

„Genau das machst du jetzt, Gipsy", sagte Mona. „Ich helfe dir dabei, dass die Gefühle des Versagens gar nicht erst aufkommen. Du sollst kein schlechtes Gewissen mehr haben, wenn du liegen bleibst. Akzeptiere die Traurigkeit so, wie sie ist – nämlich traurig. Und schaue nicht nur auf deine Schwächen."

Gipsy war erleichtert. Da war jemand, der ihn verstand. Allein die Tatsache, dass jemand für ihn da war, half ihm, neuen Mut zu fassen. Und jedes Mal, wenn Gipsy wieder Unterstützung brauchte, war Mona zur Stelle.

Freunde sind Engel, die uns auf die Beine helfen, wenn unsere Flügel vergessen haben, wie man fliegt

Die sensible Katze Mitzi

Mitzi, das süße Katzenweibchen, legte jedes Wort auf die Goldwaage. Doch ihre Sensibilität brachte ihr nicht nur Freude. Sensible Menschen nehmen die Dinge stärker, direkter und intensiver wahr als andere. Immer wieder bekommt sie zu hören: «Stell dich nicht so an… oder auch ganz direkt; jetzt sei doch nicht so sensibel! »Was soll ich denn machen?", seufzte Mitzi. „Wenn ich so nahe am Wasser gebaut bin?"

Diesen Seufzer hörte die Nachbarskatze Leni. „Was ist denn jetzt schon wieder los?", knurrte sie. Doch Leni erinnerte sich, dass sie mit Mitzi nicht so barsch reden sollte, sonst würde es wieder eine Flut von Tränen geben. Also wiederholte sie die Frage mit sanfter Stimme.

„Ach, Kater Pluto hat mich wieder ausgelacht, weil ich geweint habe", gestand Mitzi. „Er hat mir gesagt, dass …! Ach, das will ich gar nicht wiederholen." Leni wusste, dass Pluto manchmal sehr grob im Umgang mit Mitzi war. „Mitzi, ich glaube, so kann es nicht weitergehen. Lass uns etwas versuchen, damit du nicht immer so schnell in Tränen ausbrichst."

Lenis Ratschlag: Verbringe mehr Zeit mit Artgenossen, die dich stärken und inspirieren. Die Nörgler und Kritiker, die immer alles besser wissen, lass links liegen. Es ist angenehmer, sich mit Gleichgesinnten zu umgeben, die auch mal völlig unerwartet sagen: „Du bist wir toll!" oder uns mit einem „Gut gemacht!" auf die Schulter klopfen.

Mach eine Liste mit all den Dingen, die du gut kannst – das gibt dir Selbstvertrauen. Und dann konzentriere dich nur auf deine Stärken. Versuche nicht alles zu hinterfragen. Und jetzt stell dich gerade hin, mit allen Vieren fest auf den Boden, so wie ein Tiger. Dann sagst du zu dir selbst, mit einem Lächeln auf den Lippen: „Ich bin sensibel! Na und?"

Es wird nicht von heute auf morgen klappen, und du wirst noch einige Tränen vergießen. Doch ich verspreche dir, wenn du dir diese drei Dinge immer wieder in Erinnerung rufst, wird es mit der Zeit besser.

In der Wiederholung liegt die Vertiefung

Darf es ein bisschen Melancholie sein

Der moderne Melancholiker: sensibel, empathisch, aufmerksam. Mit feinen Antennen für seine Mitmenschen ausgestattet, kann er beides sehen, die dunkle und die helle Seite des Lebens. Melancholisch und doch glücklich und zufrieden, so war der grasgrüne Frosch Michi. Er wusste jedoch genau, dass seine Artgenossen hinter seinem Rücken lästerten was das Zeug hielt. Für sie ist ein melancholischer Artgenosse, etwas "Uncooles", etwas Anormales, ja Krankhaftes. Daher kommt auch die weit verbreitete Meinung, dieser Zustand müsse mit allen Mitteln bekämpft werden. Und so hagelt es schnell vermeintlich gute Ratschläge von allen Seiten. Alle wollen helfen und haben eine Idee um den lieben Michi wieder auf die richtige Spur zu bringen.

Michi will diesen Unglauben aus der Welt schaffen und trommelt all seine Freunde und Bekannte zusammen. „Liebe Freunde, es ist ein Irrglaube, dass Melancholie per se schlecht ist. Wenn ich melancholisch bin, sagte der Frosch, ist das für mich eine Zeit, wo ich mich wieder auf Dinge
besinne, die mir wichtig waren und sind. In dieser Zeit höre ich auch gerne melancholische Musik und freue mich, dass ich wieder einmal einen Gang zurückschalten kann. Ich lasse mich nicht mehr durch den täglichen Trubel stressen, sondern lebe einfach.

Jetzt verstanden seine Freunde, wie es Mischi ging, wenn er melancholisch war. Sie versprachen ihm, dass sie ihn während dieser Phase in Ruhe liessen. Im Gegenzug musste Michi versprechen, dass, wenn die Melancholie nicht verschwinden würde, er sich Hilfe sucht, damit die Melancholie nicht in eine Depression kippt. Michi versprach, dass er das machen werde. Alle waren froh, dass sie so offen über dieses Thema geredet hatten.

Melancholie ist das Vergnügen traurig zu sein
Victor Hugo

Veränderung zulassen

Flecky, der bunte Sommervogel, sprühte vor Freude und Energie. Doch sein Leben begann nicht als farbenfroher Schmetterling, sondern als winzige Raupe. Wenn ein männlicher und ein weiblicher Schmetterling zusammenkommen, können sie sich vermehren. Das Weibchen legt Eier, aus denen schließlich Raupen schlüpfen. Diese langgestreckten Körper sind hungrig und ernähren sich von Pflanzen und saftigen Blättern. Raupen führen meist ein verstecktes Leben, um nicht zur Beute von Vögeln und anderen insektenfressenden Tieren zu werden.

Die Zeit der großen Veränderungen nahte. Im letzten Entwicklungsstadium verharrt die Raupe völliger Ruhestellung bevor der Schmetterling schlüpft. Aus einer dieser Larven entstand nun Flecky, der bunte Sommervogel.

Der Schmetterling ist ein wunderbares Beispiel dafür, dass aus einer starren Haltung etwas Lebendiges entstehen kann – wenn wir es nur zulassen. Doch oft ist das leichter gesagt als getan. Veränderungen, die nicht von uns selbst herbeigeführt werden, betrachten wir mit gemischten Gefühlen. Unsicherheit, Panik und Trauer machen sich breit. Die Angst, der Veränderung nicht gewachsen zu sein, erschüttert uns.

Wir können die Veränderung, wenn sie uns Angst macht, auch langsam angehen.

- Jeden Tag ein wenig mehr, nicht alles sofort und gleich
- Eine Nacht über den Entschluss schlafen
- Auf das Bauchgefühl hören
- Versuche, nicht alles kontrollieren zu wollen

So können wir uns langsam aus der starren Puppenhülle befreien und hinaus ins Leben fliegen – leicht wie ein Schmetterling. Denn Unzufriedenheit ist wie Unkraut: Egal, woher sie kommt, sie breitet sich nach und nach in allen Lebensbereichen aus.

Veränderungen zulassen bedeutet Leben zulassen

Füttere Deine Seele nicht Deinen Ärger

Der Spatz ein Singvogel mit braun-beige-grau, also etwas farblos, gehört zur Familie der Sperlinge.

Die Spatzen, die sich meistens in alten Wohngebäuden oder in dichten Hecken niederlassen, machen sich durch ein typisches «tschilpen» bemerkbar. Nur bei Erregung schlägt das Tschilpen auch mal in Gezeter um. Und genau mit diesem Gezeter machte der kleine Spatz seinem Ärger Luft. Und zwar so fest, dass alle umliegenden Tiere im Wald erschrocken stehen blieben. Was ist denn da los?

Auch Maisy, die kleine Ameise erstarrte und schaute verwundert zur Baumkrone. Sie sah dort den kleinen Tschilpy, schimpfen, aber so was von. He, kann ich Dir helfen Tschilpy? Warte ich komme zu Dir rauf. Maisy wusste, der kleine Spatz konnte sie hier am Boden nicht sehen, aus diesem Grund kraxelte sie zu ihm hinauf. Oben angekommen, sah Maisy, das Tschilpy richtig verärgert und aufgeregt war.

Ärger ist eine spontane, innere, negativ-emotionale Reaktion auf eine unangenehme oder unerwünschte Situation, Person oder Erinnerung. Das, was Ärger hervorruft, kann eine Frustration, etwa eine Kränkung sein. Ohne gross zu fragen was den kleinen Spatz so verärgert hat, beginnt die Ameise mit zarter Stimme:

- Atme drei, vier Mal tief ein und aus, komm wir machen es zusammen
- Nun bewegen wir uns für 20 Minuten, das baut Stress ab und löst die Muskeln
- Und zu guter Letzt schau mich an und lache
- Lachen entspannt

Diese 3 Methoden helfen Dir wieder langsam ruhiger zu werden.

Jedes Mal, wenn Du Dich wieder über irgendetwas ärgerst, kannst Du diese Übungen wiederholen.

Was auch noch wichtig ist, sprich mit jemanden über Deinen Ärger und «friss» nicht alles in dich hinein.

Tschilpy überlegte ganz kurz und sagte dann: „Vielen Dank für Deine Hilfe. Diese 3 Dinge werde ich beim nächsten Mal bestimmt einmal ausprobieren."

Und aus dem Gezeter von vorhin war nun wieder ein angenehmes, fröhliches «tschilp-tschilp» geworden.

Das Ärgerliche am Ärger ist, dass man sich schadet

Träume loslassen

Qacky, die traurige Laufente, sass da und träumte davon, ein Adler zu sein. Wie schön wäre es, frei durch den Himmel zu fliegen, so majestätisch wie ein Adler.

Adler sind beeindruckende Greifvögel. Sie können rasend schnell aufsteigen und haben außergewöhnlich scharfe Augen. Doch Qacky, die kleine Ente, kann nicht fliegen. Dieser Traum lässt sie nicht los und beschäftigt sie Tag für Tag.

Plötzlich gesellte sich Puntino, ein kleiner Glückskäfer, zu ihr ins Gras. Puntino begann ein interessantes Gespräch mit Qacky. Doch Qacky hatte nur diesen einen Gedanken und erzählte Puntino ganz traurig was ihn beschäftigte.

Schau Qacky, manchmal sind Träume unerreichbar. Es gibt Dinge, die wir besser loslassen sollten. Das ständige Kämpfen kostet nur Energie und beeinträchtigt unser Wohlbefinden. Du bist eine Laufente, und du wirst niemals so hoch fliegen können wie ein Adler – das ist eine Tatsache."

- Loslassen tut weh
- Loslassen macht traurig
- Loslassen befreit

Puntino fuhr fort: "Es ist wichtig, Dinge zu akzeptieren, die wir nicht ändern können. Im ersten Moment mag es schmerzhaft sein, aber es bringt auch Erleichterung. Und wenn du dir eingestehst, dass du dich geirrt hast, findest du wieder Ausgeglichenheit im Leben."

Mit diesen Worten flog Puntino leicht und fröhlich weiter. Langsam dämmerte es Qacky, durch das Loslassen öffnen sich neue Wege zu neuen Träumen. Welchen Traum sie nun hegte, behielt sie für sich – ein Geheimnis zwischen ihr und dem Himmel.

Der Siebenschläfer und das Eichhörnchen

Der Siebenschläfer sehnte sich nach Schlaf, doch sein Baumunterschlupf war wie vom Erdboden verschluckt. Plötzlich übermannte ihn eine unerträgliche Müdigkeit, und er konnte nicht mehr weiterlaufen.

Das Eichhörnchen beobachtete die Szene. "Nun, das ist eine verzwickte Situation," dachte es. "Der arme Siebenschläfer kann hier mitten im Wald nicht einfach liegenbleiben." Es rüttelte ihn sanft wach und gemeinsam suchten sie nach einer Lösung. In der Nähe entdeckten sie eine Baumhöhle. "Komm, Tobbi," sagte das Eichhörnchen, "dort kannst du dich einkuscheln und bis zum Abend schlafen." Doch als sie näherkamen, sahen sie, dass der Platz bereits von einem kleinen Waschbären besetzt war.

Polly, das Eichhörnchen, überlegte: "Sollen wir den Waschbären wecken und fragen, ob er noch etwas Platz für dich hat?" Tobbi, der Siebenschläfer, zögerte. "Ich traue mich nicht," gestand er. Doch das Eichhörnchen kannte keine Furcht. "Ach, Papperlapp!" rief es. "Ich versuche es. Der Waschbär wird uns schon nicht den Kopf abreißen." Und so weckte es den Waschbären.

Anfangs war der Waschbär ziemlich verärgert, aber als er von Tobbis Notlage erfuhr, änderte er seine Meinung. Schließlich war er selbst ein nachtaktives Tier, das tagsüber schlafen musste, um nachts mit voller Energie auf Nahrungssuche zu gehen. Tobbi kuschelte sich in eine Ecke der Baumhöhle und bedankte sich beim Eichhörnchen. Bevor er einschlief, dachte er nach: "Mut lohnt sich immer." Von nun an wollte er mutiger sein und sich neuen Herausforderungen stellen.

Und so schlummerte Tobbi zufrieden ein, während das Eichhörnchen weiterzog. Die Botschaft blieb: "Trau dich, sei mutig! Kein Übel ist so schlimm wie die Angst davor."

Trau Dich, sei mutig, Kein Übel ist so schlimm, wie die Angst davor

Der kleine Pepito im Regenwald

Pepito, der kleine Pinguin, saß mitten im Regenwald und staunte. Sein Zuhause war eigentlich nicht der Dschungel – Pinguine lieben die Kälte, nicht das feucht-warme Klima des Urwalds. Sie leben auf der Südhalbkugel, wo es richtig kalt ist und viel Eis und Schnee gibt. Pinguine sind Vögel, aber sie können nicht fliegen. Ihre dicken Fettschichten und das dichte Federkleid schützen sie vor der eisigen Kälte.

Doch warum sass Pepito hier im Regenwald? Nun, er hatte Sehnsucht nach etwas Neuem, nach einer Veränderung. Eines Tages erschien eine kleine Fee und flüsterte ihm zu: "Pepito, ich habe deine Sehnsucht gesehen. Ich gewähre dir zwei Wünsche – du kannst dir alles wünschen, was dein Herz begehrt."

Pepito überlegte nicht lange. "Ich wünsche mir," sagte er, "dass ich direkt in den Regenwald fliegen kann, wo es kein Eis und Schnee gibt." Und schwupps saß er mitten im dichten Dickicht des Urwalds. Er rieb sich die Augen und war fasziniert. So viele verschiedene Bäume, keiner glich dem anderen. Die grünen Farben und Formen der Blätter und Sträucher waren vielfältig und zauberhaft.

Pepito konnte aus dem Staunen nicht mehr herauskommen. Die Laute und Geräusche des Regenwalds klangen für ihn wie Musik. Er begegnete fremdartigen Tieren, die ihn neugierig musterten und wissen wollten, woher er kam. Freudig erzählte er von seinem kalten Zuhause. Die Stunden vergingen wie im Flug.

Als es Abend wurde, spürte Pepito Hunger. Pinguine ernähren sich hauptsächlich von Meeresfischen. Sie jagen ihre Beute im Wasser und schnappen mit ihrem Schnabel blitzschnell zu. Doch hier im Urwald? Was sollte er hier essen?

Und er wurde nicht enttäuscht den in einem riesigen Fluss sah er eine Vielfalt von Fischen. Schauen wir mal ob mir diese Fische schmecken, dachte sich Pepito. Schupps landet so ein Süsswasserfisch in seinem Magen. Lecker! Glücklich und zufrieden und vor allem satt ging es weiter auf Entdeckungstour. Ab und zu machte er ein kleines Nickerchen und genoss diese so ganz andere Welt.

Mit der Zeit jedoch dachte er immer mehr an seine alte Heimat, dort, wo es so schön kalt ist. Das warm-feuchte Klima im Regenwald machte Pepito langsam zu schaffen. Plötzlich erinnerte er sich, dass ihm die gute Fee ja zwei Wünsche frei gegeben hatte, und nun war er froh, dass er den zweiten Wunsch noch nicht eingelöst hatte. Er verabschiedete sich von all den Tieren, die ihm ans Herz gewachsen waren, verdrückte eine Träne und ging.

Auch sein zweiter Wunsch ging schnell in Erfüllung, und schon war er wieder in seiner alten Heimat. Alle waren froh, Pepito wieder wohlbehalten begrüssen zu dürfen. Und es dauerte Tage, bis Pepito von all seine Abenteuer erzählt hatte. Er war froh, dass er wieder zu Hause war, denn jetzt wusste er, wo sein Zuhause ist.

Heimat zu spüren ist ALLES

Der kleine Troll Kasimir und die Waldfee

Kasimir, der kleine Troll, saß zitternd vor der Tür seines Elternhauses. Ein Troll ist ein menschenähnliches Fabelwesen – manchmal von imposanter Größe, manchmal zwergenhaft hässlich, mit dichtem Fell und einer großen Nase. An jeder Hand hatte er nur vier Finger. Trolle sind nicht böse; sie bewegen sich nur in der Nacht. Bei Tageslicht erstarren sie zu Stein.

Eine liebenswerte Eigenschaft der Trolle ist ihre Verehrung und Achtsamkeit gegenüber der Natur. Sie sammeln Nüsse und Eicheln für Eichhörnchen und andere Nager, bereiten warme Lagerstätten für Tiere vor und versorgen bei Trockenheit Bäume und Blumen mit Wasser. Und genau so ein Troll weinte nun still vor sich hin und war sehr traurig.

Zur selben Zeit war die kleine Waldfee unterwegs, um saftige Kräuter zu sammeln. Plötzlich hielt sie inne, denn sie hörte ein leises Wimmern. Sie schaute sich um – zuerst nach rechts, dann nach links – und auf einmal sah sie Troll Kasimir, der ganz in sich zusammengesunken beim Eingang saß.

"Na du kleiner Troll, was ist los? Kann ich dir helfen?" fragte die Waldfee liebevoll. "Ach, liebe Waldfee, mir kann niemand helfen," schluchzte Kasimir. "Ich bin ja so traurig. Meine Eltern streiten sich so fest, ich habe Angst, dass sie sich trennen, und dann weiß ich nicht, wohin ich soll."

Erst jetzt bemerkte die Waldfee das laute Gezeter im Innern des Hauses. "Aber Troll," sagte sie sanft, "Streiten gehört zum Leben. Die Dinge muss man ausspre-chen, die einem bedrücken. Manchmal sind die Leute nicht immer gleicher Meinung, und dann wird es halt laut. Ich bin sicher, wenn sich deine Eltern ausgespro-chen haben und versuchen, den anderen zu verstehen, wird das Gewitter vorbei sein."

Und so war es dann auch. Nach einigen Minuten wurde es still im Haus, und plötzlich kamen Vater und Mutter Troll heraus. Sie waren erstaunt, dass der kleine Kasimir so traurig war. Sie nahmen ihn fest in die Arme und versprachen ihm, beim nächsten Streit nicht mehr so laut zu schreien.

Die Weisheit der drei Freunde

Pops, Pips und Paps waren drei Freunde.

Pops der Bär
Pips das Huhn
Paps das Kaninchen

Pips war voller Optimismus, nichts konnte sie erschüttern.
Ihr Motto hiess:
Schenkt dir das Leben Zitronen, mach Limonade daraus.

Im Gegensatz zu Pips war Paps der geborene Pessimist.
Überall sah er Unheil.
Sein Motto war:
Zu jeder Lösung gibt es ein passendes Problem.

Und dann war da noch Paps der Realist.
Kühl, durchdacht, ein Fels in der Brandung.
Sein Motto hiess:
Seifenblasen zu jagen ist sinnlos.

Jeder von ihnen hatte eine andere Einstellung zum Leben, und diese führte zu lebhaften Diskussionen.

Pips, das quirlige Kaninchen, hüpfte freudig auf und ab. "Also bei mir kann die Lage noch so aussichtslos sein," begann es zu erzählen, "es gibt immer eine Lösung." Pips war ein Optimist durch und durch. Selbst in den dunkelsten Momenten fand es einen Silberstreif am Horizont.

Paps, das Kaninchen, schaute skeptisch. "Und was, wenn es keine Lösung gibt?" fragte er. "Ach, da wird sich schon was ergeben," antwortete Pips mit einem Lächeln. Paps war eher ein Pessimist. Er hatte schon zu oft erlebt, dass die Dinge nicht so liefen, wie er es sich erhofft hatte.

Inmitten dieser Diskussion mischte sich Pops, der weise Bär, ein. "Passt auf, ihr zwei!" sagte er ernst. "Wie alles im Leben, hat ein jedes Zuviel etwas Ungesundes." Pops wusste, dass sowohl blinder Optimismus als auch ständiges Nörgeln ihre Tücken hatten.

"Damit Optimismus und positives Denken tatsächlich glücklich machen," fuhr Pops fort, "darf die Realität nicht aus den Augen verloren werden. Wer sich zu einer ständigen aufgesetzten guten Laune zwingt, wird bald Nachteile für die Gesundheit und das Wohlbefinden spüren."

Pips und Paps schauten sich erstaunt an. Paps musste sich nun eingestehen, dass ja nicht alles schlecht war, was ihm bis heute widerfahren war. Und Pips sah ein, dass sein ständiges Gute-Laune-Gesicht ab und zu recht anstrengend war.

"Also," sagte Paps schließlich, "immer schön den Mittelweg finden, dann wird das schon!" Die drei Freunde nickten einstimmig. Und so setzten sie ihre Diskussionen fort, wissend, dass die Vielfalt ihrer Ansichten und Einstellungen das Leben erst richtig bunt machte.

Der Pessimist klagt über den Wind,
Der Optimist hofft, dass er dreht
Der Realist richtet das Segel aus

Paco der stolze Pfau

Stolz ein Wort hat zwei Gesichtern.

Paco, der stolze Pfau, wandelt durch den Park, sein Gefieder in der Mittagssonne glitzernd und funkeln. Doch er fragt sich: "Warum mögen mich die anderen nicht mehr?" Als junger, grauer Pfau hatte er viele Freunde, aber nun, im Erwachsenenalter mit seinem prächtigen Federkleid, meiden ihn alle. Er versteht nicht, warum. Sein Federkleid ist wahrlich eine Augenweide, besonders, wenn er sein Rad präsentiert. Die rhythmischen Vibrationen seiner Muskeln lassen seine Federn zittern, begleitet von einem hörbaren Rauschen. Doch während Paco stolz auf seine Schönheit ist, bemerkt er nicht, dass sein Gehabe nicht bei allen Tieren gut ankommt.

Eine Taube spricht ihn an: "Paco, darf ich dich etwas fragen? Du bist stolz auf dein Federkleid, nicht wahr?" Paco bejaht: "Ja, sicher! Niemand hat so schöne Federn wie ich." „Ja schon", sagt die Taube, „aber so wie du dich präsentierst, so erhaben, hochmütig; schau das kommt bei den anderen Tieren nicht gut an.

Ich möchte Dir mal erklären, was Stolz bedeutet: "Stolz, im positiven Sinne ist innere Würde und Selbstachtung. Im negativen Sinn indes bedeutet Stolz Überheblichkeit und Arroganz. Stolz kann also positiv und negativ besetzt sein. Versuche einfach mal so unbefangen und fröhlich auf die anderen Tiere zuzugehen. Mach den ersten Schritt und zeige ihnen, dass du Stolz bist ja, aber im positiven Sinn. Z. B. bist du stolz, dass du in so einem schönen Park leben darfst mit so vielen verschieden Tieren.

Du wirst sehen, dass dich dann alle auch wieder mögen, weil sie wissen, dass du einer von ihnen bist. Nicht mehr und nicht weniger. Denn bis jetzt hatten die anderen Tiere immer das Gefühl, dass du dich für etwas Besseres hältst.

Paco hatte das noch nie so gesehen, und er nahm sich die Worte der weisen Taube zu Herzen und er war froh, dass ihm jemand die Augen geöffnet hat.

Echte Freunde sagen dir nicht immer was du hören willst

Echte Freunde sagen dir was du hören musst

Bobby und Tuxi, zwei Hundefreunde

Bobby, ein junger Labrador-Hund, hatte endlich ein neues Zuhause gefunden. Nach Wochen im Tierheim war er überglücklich ein neues Zuhause gefunden zu haben. Sein Vorbesitzer hatte nämlich keinen Platz mehr für ihn, Labradore können ziemlich gross werden.

Als Bobby mit seinem neuen Herrchen im neuen Zuhause ankam, wurde er von einem kleinen Etwas begrüsst. Das wuschelige, zottelige Fell ließ darauf schließen, dass es sich um einen weiteren Hund handelte. Freudig hüpfte der kleine Kerl umher und wollte sofort mit Bobby spielen.

„Lass mal, Tuxi", sagte das Herrchen. „Bobby muss sich zuerst eingewöhnen. Wir müssen ihm alles in Ruhe zeigen." Tuxi, ein kleiner Spitz, lebte schon seit Jahren hier. Er war ein fröhlicher und wachsamer Hund, der es nicht mochte, alleine zu sein. Deshalb freute er sich auf den neuen Artgenossen. Tuxi verstand, dass Bobby Zeit brauchte, um sich richtig wohlzufühlen, und half ihm so gut er konnte. Von Tag zu Tag fühlte sich Bobby in seiner neuen Umgebung wohler.

Jeden Morgen freute sich Tuxi auf den Spaziergang. Dabei entdeckte er viele neue Dinge. Er bemerkte jedoch, dass Bobby immer schüchtern hinterher trottete, während Tuxi neugierig und interessiert alles und jeden auf dem Weg begutachtete. Bobby lief immer brav hinter seinem Herrchen her. „Bobby, bist du nicht ein wenig neugierig auf die Welt?", fragte Tuxi. „Du tappst immer so brav hinterher."

„Ach, weisst du", antwortete Bobby, „ich muss vorsichtig sein. Ich will nicht wieder ins Tierheim zurück. „Aber, wenn du ein wenig neugierig bist", sagte Tuxi, „musst du doch nicht gleich ins Tierheim zurück.
Weißt du, Neugier bedeutet zunächst einmal, dass man an der Umwelt
oder seiner Umgebung Interesse zeigt und sie kennenlernen und erkunden möchte. Man möchte also Dinge kennenlernen, die man noch nicht kennt. Denken, was man noch nicht gedacht hat, also lernen. Ohne Neugier keine Entwicklung. Man entdeckt jeden Tag eine neue

Welt, bleibt aufgeschlossen und tolerant.

„Ja aber, wenn ich zu neugierig bin, dann… Was dann?"

„Hier schickt dich niemand weg. Glaube mir!" „Du solltest einfach aufpassen, ein Zuviel an Neugier kann schon negativ sein. Neugier kann eben auch übermütig, distanzlos und vorwitzig machen."

Dieses Gespräch war eine Wohltat für Bobby, und er verstand nun, warum Tuxi immer so freudig auf den Spaziergang wartete.

Neugier ist der schnellst Lehrer   (Erhard Blanck)

Der kleine Storch Weithy und das Wort «hätte»

Schlotternd vor Kälte sass ein junger Storch auf dem Rand seines Storchennests und jammerte. „Ach hätte ich doch auf die anderen gehört und wäre mit ihnen in den Süden mitgeflogen. Aber nein ich musste ja meinen eigenen Kopf haben." Sein langer Schnabel der bis zu 35 cm lang werden kann, klapperte ununterbrochen.

Von Mitte bis Ende August versammeln sich die Störche nämlich in grossen Scharen und ziehen zusammen in Richtung Süden – nach Afrika oder Südspanien. Im März oder April kehren sie dann wieder in unsere Gegend zurück. Nun, Weithy hatte es verpasst mit den anderen mitzufliegen. Er wollte noch ein wenig hierbleiben, denn als die anderen Störche aufbrachen, war das Wetter noch schön und warm. Und Wheity konnte nicht verstehen, warum er schon jetzt aufbrechen sollte.

Das war vor ein paar Wochen. Doch jetzt wurde es allmählich kalt, und es hatte auch schon geschneit. Wheity war völlig verzweifelt, er war ja auch noch so jung und hatte wenig Erfahrung. Er wusste nicht ob er den kalten Winter hier überstehen würde. «Ich habe Angst zu erfrieren», jammerte er vor sich hin. Und schon wieder stöhnte er: „Ach hätte...

„Was soll das Gejammer?", schrie Blaumeise. „Und dieses Geklapper, fürchterlich!" Plötzlich sah die Blaumeise den jungen Storch, der sich auf dem Storchennest aufgeregt hin und her bewegte. „Na, da muss ich mal schauen was der arme Kerl hat."

„Ach, hätte ich doch auf meine Artgenossen gehört", wiederhole Wheity schon zum x-mal. Die Blaumeise hörte das und wusste nun, was das Problem war. „Also Wheity, ich kann dir nur eines sagen, mit dem Wort ‚hätte', ‚könnte' oder ‚wäre', kommst du im Leben nicht sehr weit. Die Situation ist nun mal so, Punkt. Jammern nützt nichts mehr. Nach vorne schauen und überlegen was man tun kann. ‚Ach, hätte ich doch…' nützt rein gar nichts.

Ja aber…, wollte Wheity erwidern. „Nichts ‚ja aber'", unterbrach die Blaumeise. „Wir werden eine Lösung finden. Schau, ich habe gesehen, dass es auch noch andere Störche gibt die hiergeblieben sind. Und ich weiss, du bist durch dein Gefieder gut vor Kälte geschützt. Und zu Essen wirst du auch immer was finden. Wahrscheinlich nicht so viel wie im Sommer, aber es wird reichen.

Und so begannen die beiden Vögel, nach einer Lösung zu suchen – ohne das Wort „hätte" im Kopf, sondern mit dem festen Willen, die Herausforderung anzunehmen und zu meistern.

Komm wir gehen auf die Suche ob wir noch weitere Störche finden, dann bist du nicht mehr so alleine.

Und tatsächlich ganz in der Nähe waren noch ein paar andere Störche, die nicht in den Süden geflogen sind.

Gerne nahmen sie den kleinen Storch in die Mitte und damit war die Welt für Wheity wieder in Ordnung.

Die Blaumeise kuschelte sich wieder zufrieden in Ihren Nistkasten.

Wheity wusste jetzt, jammern hilft nichts, man muss handeln.

Jammern verändert nichts

Die kleine Schnecke und der Neid

Necki ist eine rote Wegschnecke, auch Nacktschnecke genannt. Das sind die Schnecken, die kein Häuschen mit sich rumtragen. Sie sind meistes braun und länglich. Beim Kriechen hinterlassen sie eine schleimige Spur.

Der Schleim dient auch um Feinde abzuwehren. Sind die Schnecken in Gefahr können sie einen klebrigen, stinkigen Schleim absondern. Dieser Schleim kann einem Insekt das Maul oder die Mundwerkzeuge verkleben. Deshalb werden Schnecken auch selten von anderen Tieren verspeist.

Necki war also eine Schnecke und hatte kein Schneckenhaus wie die Weinbergschnecke. Und das juckte Necki ziemlich. Sie war sogar richtig neidisch auf die Weinbergschnecke, die sich jederzeit in ihr Haus zurückkriechen konnte.

Neid ist eine Mischung von mehreren Gefühlen. Da verstecken sich Gefühle wie Traurigkeit, Wut, oft auch Verachtung, Selbstmitleid oder Angst. Und immer die gleiche Frage: Warum hat er dies oder jenes, ich aber nicht? Was macht er besser als ich? Das sind nagende Gedanken, die richtig stören und einem das Leben schwermachen können.

Doch heute war Necki gut gelaunt. Voller Spass kroch sie den nassen feuchten Waldweg entlang. Es war einfach herrlich im Regen durch den Wald zu kriechen, dachte sich Necki. Sie war mit sich und der Welt zufrieden. Doch plötzlich sah Necki von weitem die Weinbergschnecke mit ihrem schönen, grossen Schneckenhaus. Und schon war es vorbei mit der guten Laune. Sie wurde wieder richtig traurig und auch ein bisschen wütend das sie nicht so ein schönes Schneckenhaus hatte.
Im gleichen Moment jedoch mischte sich Scham in ihre Gefühlswelt. Aber warum bin ich neidisch, ich will doch nicht neidisch sein. Ich habe doch auch ein schönes Leben.

Das sah der Waldkäfer und stutzte. Da brauch wieder jemand Hilfe. Na, du kleine Schnecke, schütte mir dein Herz aus. Vielleicht kann ich helfen. Und Necki erzählte ihm seine Sorge.

„Lass dir mal gesagt sein, dass du dich deshalb nicht schämen musst", begann der Waldkäfer. „Neid ist so alt wie die Menschheit. Jeder ist auf irgendeine Art neidisch. Du solltest einfach aufpassen, dass der Neid nicht dein ganzes Leben bestimmt. Er fuhr fort: „Versuche dich nicht mit anderen zu vergleichen, sondern nur mit dir selbst. Du bist so einzigartig und auch du hast Eigenschaften die andere nicht haben. Mach dir deine Stärken bewusst und werte dich nicht ab!"

Necki lauschte aufmerksam. „Verurteile dich nicht", fuhr der Waldkäfer fort. „Sei dankbar für das, was du hast."

Necki wollte was erwidern, aber der Waldkäfer war so schnell wie er gekommen war, wieder im Dickicht verschwunden. Necki kam ins Grübeln. Die Worte des Waldkäfers beschäftigten Necki noch lange. Sie begriff, dass Neid nur dann Macht über sie hatte, wenn sie es zuliess. Und so beschloss sie sich ihre eigenen Stärken zu Konzentrieren und dankbar für ihr Leben zu sein. Necki war sehr froh, dass sie einmal mit jemandem darüber gesprochen hatte.

Wer mit sich selbst zufrieden ist, hat auch keinen

Grund auf andere

neidisch zu sein

Das Krokodil mit der grossen Klappe

Das kleine Lämmchen Mimi stand zitternd vor dem imposanten Krokodil. Sein riesiges Maul, gefüllt mit scharfen Zähnen, wirkte bedrohlich. Mimi hatte sich auf ein Abenteuer eingelassen, ohne zu ahnen, dass sie sich in Gefahr befand.

„Wer bist du, was willst du, du weißes Etwas?" raunzte das Krokodil, dessen Augen sich langsam öffneten. Es war das erste Mal, dass es ein Lamm vor sich sah, und es wusste nicht recht, wie es reagieren sollte.

„Ich, ich will nichts," stammelte Mimi erschrocken. „Ich habe Durst und wollte ein wenig Wasser trinken."

Das Krokodil schnaubte. „Du weißt schon, dass es hier ganz gefährlich ist für dich, oder? Wenn die anderen Krokodile dich sehen, werden sie dich in Stücke zerreißen." Mimi verstand nicht. „Aber warum denn? Ich tue doch niemandem etwas."

„Wir Krokodile sind Fleischfresser", erklärte das Krokodil. „Und wenn wir hungrig sind, bist du ein willkommenes Abendessen für uns."

Mimi zitterte. Sie hatte keine Ahnung, dass ihre Neugier sie in solche Gefahr bringen würde. Vielleicht sollte sie doch lieber wieder zu ihrer Herde zurückkehren. Aber es war zu spät – das Krokodil hatte sie bereits entdeckt, und nun lag es an ihr, mit diesem gefährlichen Wesen zu verhandeln. Vielleicht konnte sie es überzeugen, sie in Frieden zu lassen. Oder vielleicht würde sie selbst zu einem unerwarteten Mahl für das Krokodil werden. Die Sonne brannte heiß auf ihren Rücken, und Mimi wusste, dass sie eine Entscheidung treffen musste. Mimi lauschte aufmerksam den Worten des Krokodils. Sein scharfer Blick traf sie, und sie spürte die Ernsthaftigkeit seiner Warnung. Das Krokodil war satt und hatte keinen Hunger, aber es war ein Raubtier – ein Jäger, der seine Beute nicht verschonte.

„Im Moment bin ich satt und habe keinen Hunger", erklärte das Krokodil. „Zudem bist du so ein hübsches Lämmchen, ich kann dir nichts antun. Aber du sollst jetzt so schnell wie möglich verschwinden." Mimi nickte eifrig. „Danke", flüsterte sie. „Ich werde mich beeilen und zu meiner Herde zurückkehren." „Gut", brummte das Krokodil. „Und hör auf meinen Rat: Bleib bei deiner Herde. Die Welt da draußen ist voller Gefahren, besonders für ein junges Lämmchen wie dich."

Mimi versprach, vorsichtiger zu sein und keine weiteren riskanten Abenteuer zu unternehmen. Sie drehte sich um und trabte davon, während das Krokodil sie mit seinen Augen verfolgte. „So ein Glück, dass ich Krocki getroffen habe", dachte Mimi. „Man darf sich wirklich glücklich schätzen, wenn man den richtigen Menschen – oder in meinem Fall, das richtige Krokodil – begegnet." Und so kehrte Mimi zu ihrer Herde zurück, mit einer neuen Erkenntnis im Herzen. Manchmal sind es unerwartete Begegnungen, die unser Leben verändern.

Man darf sich glücklich schätzen, wenn man den richtigen Menschen begegnet

Die Krähe und der Rabe

Blacky, die Krähe, saß auf einem Baum und war nicht wirklich zufrieden mit sich und der Welt. Krähen gehören zu den Rabenvögeln, haben ein schwarzes Gefieder und einen kleinen, spitzen Schnabel.
Leider konnte Blacky sehr nachtragend sein, und das machte ihn zum Aussenseiter. Ja, es stimmte, er konnte nur schwer vergessen, wenn man ihn gekränkt hatte. Er wusste selbst, dass er sich mit seiner störrischen Haltung nur selbst schadete. Man könnte wirklich sagen, dass diese Haltung störrisch war – so störrisch wie ein Esel. Doch Blacky war ein Rabe und kein Esel. Zwar ein wenig leichtgläubig und naiv, aber dennoch liebenswert. Aber störrisch? Auf keinen Fall. Dennoch, er hatte oft versucht, nicht mehr nachtragend zu sein oder zumindest nach einer gewissen Zeit das Geschehene zu vergessen – doch es gelang ihm nicht.

Nachtragend sein kann viele Gründe haben. Eventuell hat der Nachtragende ein geringes Selbstwertgefühl, fühlt sich den anderen unterlegen und dumm. Oder er oder sie hat ein schlechtes Menschenbild und meint, dass jeder Mensch ihm etwas Schlechtes wünscht. Dann gibt es noch jene, die Genugtuung und Macht empfinden, wenn sie schmollen und dem Gegenüber somit ein schlechtes Gewissen vermitteln können. Auf jeden Fall ist das Nachtragen, Schmollen, überempfindlich sein, Dünnhäutigkeit oder Mimosenhaftigkeit eine Last für die Seele und nicht leicht abzuschütteln.

Blacky musste sich eingestehen, dass er das Problem nicht alleine lösen konnte. Er musste sich Hilfe suchen. Aber bei wem? Ah, da war doch der Rabe Hugi. Hugi gehörte wie Blacky zu den Rabenvögeln. Er hatte ebenfalls ein schwarzes Federkleid, war jedoch etwas größer und hatte einen dicken, gebogenen Schnabel. Außerdem war er klug und sehr wissbegierig.

Hugi ärgerte Blacky oft, doch Blacky wusste genau, wenn er in Not war, würde Hugi ihm immer helfen. Also entschloss er sich, bei Hugi Rat zu suchen. Und so geschah es. Hugi erklärte ihm, worauf er achten sollte.

Blacky, wie du ja schon bemerkt hast, tut es dir nicht gut, nachtragend zu sein. Du kannst das mit ein paar Schritten ändern:

Offene Kommunikation: Wenn dich jemand verletzt, sag es deinem Gegenüber offen und ehrlich. Friss es nicht in dich hinein, sondern teile deine Gefühle.

Anders mit Kritik umgehen: Kritik muss nicht immer schlecht sein. Höre gut zu und versuche zu verstehen, was dein Gegenüber dir mitteilen möchte. Kritik kann auch aufbauend sein und dir helfen, dich zu verbessern.

Selbstreflexion: Blicke nicht nur auf deine Fehler, sondern auch auf die Dinge, die du gut gemacht hast. Selbstlob ist wichtig, um dein Selbstwertgefühl zu stärken.

Erinnere dich daran: Nachtragend zu sein hilft niemandem, am wenigsten dir selbst. Es ist eine Last für die Seele, die du nicht tragen musst.

Und so begann Blacky, seine störrische Art zu überdenken und sich von der Last des Nachtragens zu befreien. Manchmal braucht man eben einen klugen Freund, um die richtigen Wege zu finden.

Wer nachtragend ist, schleift unnötige Steine mit sich herum. Lass sie los und gehe leichter durchs Leben.

Sich selber verzeihen

Pipsi, der Wellensittich, murmelte unverständlich leise vor sich hin. Normalerweise ist er ein lustiger kleiner Vogel, aber heute scheint er schlecht gelaunt zu sein. Kuka, der Kakadu, hat Pipsis Gejammer eine Weile zugehört und beschließt, nachzufragen, was los ist.

Kakadus gehören ebenfalls zur Papageien-Familie, sind aber im Vergleich zu Wellensittichen weniger farbenprächtig und wesentlich größer. Sie haben kräftige Hakenschnäbel und leben vorwiegend in Australien. Diese Vögel können laut krächzen, kreischen und sogar menschliche Stimmen nachahmen. Zwei Vögel also aus derselben Familiengattung, die jedoch unterschiedliche Merkmale aufweisen.

Vorsichtig nähert sich Kuka Pipsi und fragt: "Was ist denn so schwierig?" Pipsi holt tief Luft und gesteht schüchtern: "Ich schäme mich, es dir zu sagen, aber es beschäftigt mich sehr. So sehr, dass ich nachts kaum noch schlafen kann." Kuka ermutigt ihn: "Du kannst mir alles sagen, Pipsi. Ich höre zu, ohne zu urteilen."

Pipsi beginnt zu erzählen: "Weißt du Kuka, immer, wenn ich etwas Falsches sage oder mache, fühle ich mich schuldig und bin enttäuscht von mir selbst. Vor allem, wenn mir bewusstwird, dass ich diesen Fehler nicht mehr gutmachen kann – oder noch schlimmer, wenn ich denselben Fehler schon zum x-ten Mal gemacht habe. Dieser innere Konflikt zermürbt nagt an mir, manchmal wochenlang. Ich kann mir einfach nicht verzeihen.

Die Last der Selbstanklage wiegt mir sehr schwer auf der Seele. Verzeihung – ein Wort, das so einfach klang, aber in der Praxis so unerreichbar schien.

Kuka lauscht aufmerksam und antwortet einfühlsam: "Pipsi, wir alle machen Fehler. Wichtig ist, dass wir aus ihnen lernen und uns weiterentwickeln. Du bist nicht allein mit diesem Gefühl. Manchmal müssen wir uns selbst vergeben, um voranzukommen. »

Kuka, der aufmerksam zugehört hatte, unterbrach Pispi sanft. "Sich selbst zu verzeihen, das ist wahrlich eine grosse Herausforderung. Es erfordert Geduld und Zeit. Aber ich bin überzeugt, wir werden eine Lösung finden. Du bist ein großartiger Vogel." Pipsi seufzte. "Ich versuche es schon so lange, mir selbst zu verzeihen. Doch allein schaffe ich es nicht."

Kuka dachte nach und schlug vor: "Pispi, ich habe eine Idee. Schreibe all die Dinge auf, die du dir nicht verzeihen kannst. Mache sie sichtbar, leere deinen Kopf. Aber vergiss nicht, auch deine guten Eigenschaften aufzuschreiben. Du hast Stärken, die du nicht verstecken musst." Er fuhr fort: "Stell dir vor, ein Freund hätte einen Fehler gemacht. Wie würdest du ihn trösten? Wende dieselbe Güte dir selbst gegenüber an."

"Und das Wichtigste", betonte Kuka, "kehre immer wieder in die Gegenwart zurück. Lebe im Hier und Jetzt. Selbstverurteilung hilft weder uns noch anderen."

Pipsi nickte. Es war ein erster Schritt, den sie gehen konnte – ein Weg zur inneren Heilung.

Wurli und der Sinn des Lebens

Die Regentropfen prasselten auf die Erde. Jetzt darf ich raus, jetzt da es in Strömen regnet. Unglaublich, seufzte Wurli. Es war immer dasselbe, dabei wollte er doch auch einmal die Sonne geniessen. Es sei zu gefährlich für Regenwürmer, sagte eine gute Freundin zu Wurli. Und ja, es stimmte – an der Sonne vertrocknen die Regenwürmer. Daher sieht man sie nur, wenn es regnet.

Ach, hat ja alles keinen Sinn, wenn ich nicht einmal bei schönem Wetter draussen sein darf. Wofür bin ich den noch auf dieser Welt? Immer im nassen Gras oder in der Erde herumkriechen macht mir keinen Spass. Recht apathisch und traurig schlicht nun Wurli so dahin.

Eines Tages traf Wurli auf den Mistkäfer. "Na du, du hast aber schlechte Laune!", sagte der Mistkäfer. "Was ist los?" Wurli antwortete giftig: "Ich verstehe einfach nicht, warum ich nicht raus darf, wenn das Wetter schön ist. Ich will doch nur einmal die Sonnenstrahlen auf meinem Körper spüren. Das Leben macht mir so gar keinen Spaß mehr. Ich weiß gar nicht, was das Ganze soll."

Misty, der Mistkäfer, überlegte nicht lange. "Komm, Wurli, ich will dir etwas zeigen." Gemeinsam schlichen sie sich in die Nähe eines wunderschönen Gemüsegartens. Misty deutete auf die saftigen Pflanzen. "Dank euch Regenwürmern wächst hier so viel schönes Gemüse. Ihr seid nützliche Helfer. Ihr lockert und lüftet die Erde, sodass Sauerstoff und Wasser leichter in den Boden gelangen."

Wurli hörte aufmerksam zu und bemerkte gar nicht wie seine miese Laune verschwand. Als Misty mit seiner Erklärung fertig war, drehte er sich um, und sah das Wurli vor Stolz fast platzte.

Wurli, der kleine Wurm, fand endlich seinen Sinn im Leben. Es war ein wundervolles Gefühl zu wissen, dass er nützlich war. Die düsteren Gedanken, die ihn früher plagten – "Warum bin ich hier? Wozu dient das alles?" – waren verblasst. Jetzt, da er wusste, wofür es sich lohnte zu leben, fühlte er sich leichter. Das Bedürfnis, gebraucht zu werden, erfüllte ihn mit Freude, und er spürte den Drang, die ganze Welt zu umarmen.

Ja, alles hat seinen Grund, und irgendwann erkennen wir ihn

Jacky und die Sache mit der Traurigkeit

Zufrieden sitzt der kleine Koalabär Jacky auf einem Eukalyptusbaum. Koalas leben in den Eukalyptus-Wäldern an der Ost- und Südostküste Australiens. Sie zählen zu den lebendigen Wahrzeichen des Landes. Koalas sind Beutelsäugetiere. Vorwiegend ernähren sie sich von Blättern, Rinden und Früchten. Doch am Liebsten sitzen sie im Eukalyptusbaum. Da können sie so viele Eukalyptusblätter naschen wie sie wollen. Koalas sind grosse Schlafmützen. Sie schlafen bis zu 20 Stunden und geniessen einfach das leben.

Bei Jacky war das nicht so, es gab Zeiten da war unser Jacky bedrückt, traurig und mit seinem Leben gar nicht glücklich war.

Eines Tages begegnete ihm eine Riesenkrabbenspinne. Diese Spinnen sind die grössten Spinnen Ihrer Art. Sie sind nicht gefährlich, haben jedoch ein Gift, das recht schmerzhaft sein kann, wenn man gebissen wird. Sie beissen jedoch nur, wenn ihnen Gefahr droht. Genau diese Spinne erklärte unserem Jacky eindrücklich was es mit der Traurigkeit auf sich hat. Traurig sein ist normal. Jeder kennt die Traurigkeit. Es ist wichtig, dass wir unsere Gefühle akzeptieren und zulassen, auch wenn wir traurig sind. Manchmal kann es sein, dass man ganz ohne Grund traurig ist. Vielleicht ist man aber auch traurig, weil man eine Enttäuschung erlebt hat oder es hat sich etwas nicht erfüllt, was man sich so sehr gewünscht hat. Manchmal hilft es, mit anderen darüber zu sprechen oder sich auf positive Erlebnisse zu konzentrieren, um wieder glücklicher zu werden.

Ja, erwiderte Jacky, ich bin enttäuscht, dass ich den Sonnenaufgang wieder verschlafen haben. Ich wollte doch einmal erleben, wie die Sonne dort hinten aufgeht. Und deshalb bin ich sehr enttäuscht und traurig.

Wenn das so ist, werde ich dich bevor die Sonne morgens aufgeht, wecken und dann können wir zusammen das faszinierende Spiel des Sonnenaufgangs bewundern. Von diesem Tag an ging es Jacky wieder besser. Und ab und zu kommt die Spinne frühmorgen vorbei und dann geniessen die zwei den Sonnenaufgang. Und wenn Jacky traurig ist, denkt er an den nächsten Sonnenaufgang.

Es ist wichtig, dass wir uns gegenseitig unterstützen und füreinander da sind, besonders in schwierigen Zeiten. Wenn du jemals traurig bist, denke daran, dass es immer einen neuen Tag und neue Möglichkeiten gibt, die dich glücklich machen können.

Einzigartigkeit genießen

Wir sind alle einzigartig, aber es gibt Lebewesen wie das Zebrakind Zula, die anders sind. Statt der üblichen Streifen hat Zula weiße Punkte auf seinem Fell. Anfangs war das nicht leicht für Zula. Obwohl sie anders war als die anderen, ist das kein Grund, sie zu meiden oder zu mobben. Doch Zula bemerkte nicht einmal, dass sie gemobbt wurde. Mobbing kann viele Formen annehmen. Ein Beispiel war das leise Tuscheln in Zulas Gegenwart. Anfangs schenkte sie dem keine Beachtung. Zula lachte sogar mit, wenn jemand einen dummen Spruch über ihre weißen Punkte machte.

Lange Zeit wusste Zula nicht, dass sich andere über sie lustig machten. Doch als sie es schließlich bemerkte, wurde sie sehr traurig. Deshalb ging sie nicht mehr zu den anderen und blieb lieber zu Hause bei ihrer Mama. Mama Zebra fiel das sofort auf, denn normalerweise ging Zula gerne zu den anderen Zebras. Vorsichtig fragte Mama Zebra, was vorgefallen sei. Zuerst wollte Zula nicht darüber sprechen. Also ließ Mama Zebra sie in Ruhe, um einen besseren Zeitpunkt für ein Gespräch zu finden.

Als Mama Zebra jedoch hörte, dass Zula wegen ihrer weißen Punkte ausgegrenzt wurde, machte sie sich Gedanken. Sie sagte zu Zula: "Du sollst wissen, Mama und Papa sind immer für dich da. Mit deinen Sorgen kannst du immer zu uns kommen. Und jetzt zu deinen weißen Punkten: Dass du keine Streifen hast, ist eine Laune der Natur, dafür kann niemand etwas. Aber denke immer daran: Wenn du das Glück hast, anders zu sein als alle anderen, dann ändere es nicht. Ich weiß, Zula, das hilft dir im Moment vielleicht nicht, denn du möchtest ja mit den anderen spielen. Aber es ist wichtig, dass du weißt, wir haben dich lieb."

Eines Tages kamen die anderen Zebrakinder und fragten Mama Zebra, warum Zula nicht mehr mitspielte. Mama Zebra erklärte ihnen sachlich und freundlich den Grund. Erst jetzt verstanden die anderen, dass sie Zula nicht ausgrenzen sollten. Sie lernten, ihre Einzigartigkeit zu schätzen und Zula sehr wehgetan hatten. Sie entschuldigten sich bei der kleinen Zula und versprachen sich von nun an nicht mehr über die Punkte lustig zu machen.

Die anderen Zebras waren sie sogar sehr stolz, dass sie in ihrer Zebragruppe so ein einzigartiges Wesen hatten.

FAZIT: Alle wollen individuell sein, aber wehe einer ist anders

Ein wunderbares Märchen über Dachsi und die Energieräuber!

«Pssst», sagte das Rheika, das Reh, «die Räuber kommen». «Die Räuber?» fragte Dachsi, der Dachs, «wo, ich sehe niemanden»?

Rheika warnte Dachsi, vor den unsichtbaren, miesen Energieräubern. Obwohl Dachsi zunächst niemanden sah, lernte er bald, wie diese Energieräuber sich in sein Leben schleichen und sich heftig bemerkbar machen können.

Rehe sind die kleinsten Waldhuftiere und haben rot-braunes Fell (im Winter graubraun). Junge Rehe, auch Rehkitze genannt, tragen weiße Punkte auf ihrem Fell. Sie bewegen sich graziös in Rudeln und haben einen ausgeprägten Geruchssinn, der es ihnen ermöglicht, Feinde frühzeitig zu bemerken. Ihre Nahrung besteht aus jungen Gräsern, Knospen, Kräutern und im Winter aus den grünen Blättern von Brom- und Himbeerstauden.

Der Dachs hingegen ist ein Raubtier mit einem gedrungenen Körper und kurzen schwarzen Beinen. Sein Fell variiert von schmutzbraun bis silbergrau am Rücken und ist am Bauch heller. Dachse sind Allesfresser und ernähren sich von Würmern, Schnecken, Mäusen, Insekten sowie Obst, Wurzeln, Beeren, Samen und Pilzen.

Die Energieräuber sind unsichtbar, aber ihre Auswirkungen sind spürbar. Sie rauben uns Energie und Lebensfreude. Wenn wir ständig müde sind, keine Lust mehr haben und uns schlapp fühlen, könnten diese Energieräuber im Spiel sein. Zum Glück gibt es einige Tricks, um ihnen zu entkommen:

1. Halte dich fern von negativen Zeitgenossen
2. Schlafe ausreichend!
3. Sage öfter "Nein" zu Dingen, die du eigentlich nicht willst

Der Dachs verstand nun, warum er manchmal energielos und müde war. Er nahm sich die Tipps von Rheika zu Herzen und tapste innerlich zufrieden in den Wald.

Zeit für sich selbst ist Gold wert

Die zickige Ziege Greta

Das Gras ist nicht saftig genug, die Sonne scheint nicht warm. Jeden Tag hatte die Ziege etwas zu meckern. Greta fand immer ein Grund, unzufrieden zu sein. Ihre Mitbewohner auf dem Hof konnten das ewige Gemecker nicht mehr ertragen.
Eines Tages beschlossen die Tiere, Greta eine Lektion zu erteilen. Sie versammelten sich heimlich und planten, ihr eine wichtige Aufgabe zu übertragen. Sie wollten sehen, ob Greta endlich einmal zufrieden sein konnte.

Am nächsten Morgen wurde Greta zu den Tieren gerufen. "Greta, wir haben eine wichtige Aufgabe für dich", sagte der Hirsch mit ernster Miene. "Du musst das Wasserloch im Wald bewachen und sicherstellen, dass alle Tiere genug zu trinken bekommen."

Greta war überrascht, aber auch ein wenig geschmeichelt. Endlich hatte man ihr eine wichtige Aufgabe übertragen. Sie machte sich auf den Weg zum Wasserloch und begann ihre Arbeit.

Die Tage vergingen, und Greta hatte alle Hände voll zu tun. Sie sorgte dafür, dass das Wasserloch immer gefüllt war und dass kein Tier benachteiligt wurde. Sie kümmerte sich um die kleinen Vögel genauso wie um die großen Elefanten. Sie war stolz auf ihre Aufgabe und tat ihr Bestes, um allen gerecht zu werden.

Mit der Zeit bemerkte Greta, dass sie nicht mehr so viel Zeit hatte, um über die kleinen Dinge zu meckern. Sie war zu beschäftigt damit, anderen zu helfen und dafür zu sorgen, dass es allen gut ging. Sie begann zu verstehen, dass es wichtiger war, für andere da zu sein, als sich immer nur um sich selbst zu kümmern.

Eines Tages versammelten sich die Tiere erneut und lobten Greta für ihre harte Arbeit. "Greta, du hast bewiesen, dass du mehr als nur eine meckernde Ziege bist", sagte der Hirsch. "Du bist zu einer wertvollen und hilfsbereiten Freundin geworden."

Greta war gerührt und dankbar für die Anerkennung. Sie hatte gelernt, dass wahre Zufriedenheit nicht durch das Meckern und Nörgeln erreicht wird, sondern durch das Teilen von Liebe und Hilfe mit anderen. Von diesem Tag an hörte Greta auf, zu meckern und wurde zu einer der freundlichsten und hilfsbereitesten Ziegen im ganzen Wald. Sie lebte glücklich und zufrieden und wurde von allen Tieren respektiert und geliebt.

Unzufrieden macht traurig

Lyra war nie zufrieden mit sich. Egal, wie schön die Federn der kleinen Nachtigall auch schimmerten. Sie fand immer einen Grund, sich mit anderen zu vergleichen und unglücklich zu sein.

Eines Tages lief Lyra durch den Wald und begegnete einer stolzen Pfauendame. Die bunten, leuchtenden Federn des Pfaus ließen Lyra vor Neid erblassen. "Warum kann ich nicht so schön sein wie der Pfau?", dachte sie. Ein paar Tage später traf Lyra auf eine majestätische Löwin. Ihr glänzendes Fell und ihre kraftvollen Muskeln beeindruckten Lyra zutiefst. Sie seufzte: "Warum kann ich nicht so stark und anmutig sein wie die Löwin?"

Immer wieder verglich sich Lyra mit anderen Tieren im Wald und fand immer einen Grund, unzufrieden zu sein. Sie fühlte sich klein und unbedeutend neben dem mächtigen Elefanten, dünn und schwach neben dem agilen Gazellen Bock und hässlich und unattraktiv neben dem farbenfrohen Papagei.

Eines Tages traf Lyra auf eine alte Eule, die auf einem Ast saß und die Szene beobachtete. Sie lächelte und sagte zu Lyra: "Mein liebes Kind, warum vergleichst du dich ständig mit anderen? Jedes Tier hat seine eigenen Qualitäten und Schönheit. Du musst lernen, dich selbst zu akzeptieren und dich nicht mit anderen zu messen." Was wir bei dir stärken sollten ist dein Selbstvertrauen.

Diese Worte überraschten Lyra. Sie hatte nie darüber nachgedacht, dass auch sie einzigartig und wertvoll war. Sie begann, über ihre eigenen Stärken nachzudenken.

Langsam bekam Lyra mehr Selbstvertrauen, mit Hilfe der Eule, und wusste nun, auch ich bin schön und mutig. Von Tag zu Tag wurde dieses Gefühl stärker, sie wurde selbstbewusster und hatte keine Zeit mehr um traurig zu sein.

**Das Vergleichen ist das Ende des Glücks und der Anfang
der Unzufriedenheit**
Soren Kierkegaard, Dänischer Philosoph 1813-1859

Jon der Biber lernt Freunde kenne

Jon, ein kleiner, etwas tollpatschiger Biber, verbrachte seine Tage damit, Dämme zu bauen und sich in seine eigene Welt aus langsam fließenden und stehenden Gewässern zu vertiefen. Doch trotz seiner fleißigen Arbeit fühlte er sich manchmal einsam.

Eines Tages, als Jon wieder einmal fleissig an einem Baumstamm nagte, bemerkte er eine Gruppe fröhlicher Tiere die draußen ausgelassen spielten und lachten. Sie hatten Spaß und genossen ihr Leben in vollen Zügen.

Jon fühlte eine tiefe Sehnsucht nach Gemeinschaft und Freude. Er verbrachte doch die meiste Zeit mit dem Dammbauen. Eine kleine Stimme flüsterte ihm in Ohr: „Jon du verpasst so viel im Leben, unternimm was"! Diese kleine Stimme verstummte auch nach Tagen nicht.

So beschloss Jon etwas zu ändern und aus seiner Komfortzone herauszutreten. An einem schönen Tag entschied Jon einmal keine Dämme zu bauen und ging nach draußen. Er trat zur Gruppe mit der Bitte auch dabei sein zu dürfen. Die anderen Tiere waren erstaunt und riefen ungläubig; „Was du, Jon"? „Natürlich kannst du mit uns spielen. Wir wollten dich ja schon immer mal fragen, doch du warst immer so beschäftigt. Deshalb liessen wir dich in Ruhe deine Dämme bauen. Doch du bist bei uns herzlich willkommen", sagte der kleine Igel.

Mit der Zeit gewann Jon das Vertrauen seiner neuen Freunde. Sie erkannten seine Leidenschaft Neues kennen zu lernen. Seine neuen Freunde halfen ihm ebenfalls, seine Zeit besser einzuteilen und sich auf das Wesentliche zu konzentrieren.

Jon lernte, dass es wichtig ist, sich Zeit für soziale Kontakte zu nehmen und Freundschaften zu pflegen. Er erkannte, dass das Biberleben aus mehr als nur aus Dämme bauen besteht und dass es wichtig ist, das Gleichgewicht zu finden. Von nun an genoss Jon sein Leben in vollen Zügen. Er baute weiterhin fleißig seine Dämme, aber er nahm sich auch Zeit, um seine Freunde zu treffen, an Aktivitäten teilzunehmen und das Leben zu genießen.

Gunar, der Fuchs, der immer Probleme wälzt

Gunar, der kluge Fuchs, grübelte ständig über Probleme nach. Tag für Tag saß er in seinem Bau und grübelte über die verschiedensten Dinge nach. Er zerbrach sich den Kopf über die beste Strategie, um an Futter zu gelangen, wie er seine Beute am besten täuschen konnte und wie er sich vor seinen Feinden schützen konnte. Aber auch Gedanken wie, warum habe ich keine Freunde, warum bin ich so?

In seiner Besessenheit von Problemen übersah Gunar die Schönheit des Lebens um ihn herum: die warmen Sonnenstrahlen, die durch die Bäume fielen, den Duft der Blumen und das fröhliche Zwitschern der Vögel. Sein Fokus lag ausschließlich auf seinen eigenen Sorgen und Ängsten.

Eines Tages traf Gunar auf die kluge Taube Seline, die ihn schon längere Zeit beobachtet hatte. Die Taube flog zu Gunar und setzte sich neben ihn. Gunar sah die Taube verdutzt an und stotterte: „Hast du keine Angst vor mir? Ich könnte dich doch jetzt jederzeit fressen." Unbeeindruckt von der Aussage des Fuchses fragte sie ihn: „Warum machst du dir immer so viele Gedanken und verschwendest so viel Zeit mit diesen Problemen?" „Eigentlich weiss ich es auch nicht so genau, aber es ist einfach mal so", antwortete der Fuchs.

"Gunar, das Leben besteht nicht nur aus Problemen. Es gibt so viel mehr zu entdecken und zu genießen. Du musst lernen, deine Probleme loszulassen und den Moment zu leben."

Die Worte der klugen Taube berührten Gunar tief. Er erkannte, dass er sein Leben verpasste, indem er sich ständig mit Problemen beschäftigte. Er beschloss, einen neuen Ansatz zu wählen und das Leben in vollen Zügen zu genießen. Gunar begann, seine Zeit im Freien zu verbringen. Er lief durch die Wälder, sprang über Wiesen und erkundete neue Gebiete. Er genoss die Schönheit der Natur und nahm all die kleinen Freuden wahr, die er zuvor übersehen hatte. Mit der Zeit veränderte sich Gunar. Er wurde fröhlicher, offener und freundlicher. Er traf andere Tiere, knüpfte Freundschaften und half ihnen bei ihren eigenen Problemen. Er erkannte, dass das Teilen von Freude und Unterstützung genauso wichtig war wie das Lösen von Problemen.

Gunar lernte, dass das Leben aus einer Mischung aus Höhen und Tiefen besteht. Probleme sind unvermeidlich, aber es ist wichtig, nicht in ihnen zu versinken. Stattdessen sollte man sich auf die positiven Aspekte des Lebens konzentrieren und das Glück in den kleinen Dingen finden. Von da an lebte Gunar ein erfülltes und glückliches Leben. Er nutzte seine Klugheit, um anderen zu helfen und gleichzeitig das Leben zu genießen. Er erinnerte sich immer daran, dass es wichtig ist, Probleme zu lösen, aber auch Zeit für Freude, Abenteuer und Freundschaften zu haben.

Kein Ziel vor Augen, was nun?

Es war einmal ein kleiner Spatz, der in einem wunderschönen Wald lebte. Jeden Tag flog er von Baum zu Baum und von Ast zu Ast und beobachtete die anderen Tiere dabei, wie sie ihre Aufgaben erfüllten. Die Eichhörnchen sammelten fleißig Nüsse, die Bienen sammelten Nektar und die Eulen hüteten ihre Weisheit.

Der kleine Spatz fühlte sich ein wenig traurig, denn er hatte das Gefühl, dass er keine spezielle Aufgabe hatte. Er sehnte sich danach, ein Ziel in seinem Leben zu haben, etwas, das ihn von den anderen Vögeln unterscheiden würde.

Eines Tages flog der kleine Spatz hoch in den Himmel und setzte sich auf einen Ast. Er schaute hinunter auf den Wald und dachte darüber nach, was er in seinem Leben erreichen wollte. Er beobachtete die Vögel, die majestätisch durch die Lüfte flogen, und wünschte sich, genauso frei und stark zu sein wie sie.

Plötzlich hörte der kleine Spatz ein leises Piepen. Er schaute genauer hin und sah ein einsames Küken, das hilflos auf dem Boden saß. Ohne zu zögern, flog der kleine Spatz hinunter, um dem Küken zu helfen. Er hob es behutsam auf und brachte es zurück in sein Nest.

Als der kleine Spatz das Küken zurück in sein Nest brachte, fühlte er eine tiefe Zufriedenheit in seinem Herzen. Er erkannte, dass seine wahre Bestimmung darin lag, anderen zu helfen und sie zu beschützen. Von diesem Moment an wusste der kleine Spatz, was sein Ziel im Leben war.

Der kleine Spatz widmete sich fortan dem Schutz und der Fürsorge für andere Tiere im Wald. Er half den Eichhörnchen dabei, ihre Nüsse sicher zu verstauen, er beschützte die Bienen vor gefährlichen Insekten und er lehrte die jungen Vögel, wie sie sicher fliegen konnten.

Die anderen Tiere im Wald bewunderten den kleinen Spatz für seine Freundlichkeit und seinen Mut. Sie nannten ihn den "Helfenden Spatz". Der kleine Spatz war glücklich, denn er hatte endlich sein Ziel gefunden.

Unterschiede akzeptieren

Der Hase und der Igel, zwei Freunde die unterschiedlicher nicht sein könnten, kannten sich schon seit ihrer Kindheit. Sie lebten in einem kleinen Dorf und waren Nachbarn.

Der Hase war schnell und energiegeladen, während der Igel langsam und gemütlich war. Sie hatten oft unterschiedliche Meinungen und Ansichten, aber das hinderte sie nicht daran, sich gegenseitig zu akzeptieren und zu respektieren.

Eines Tages beschlossen sie, ein großes Fest zu organisieren. Alle waren eingeladen, und es sollte ein Tag voller Spaß und Freude werden. Der Hase war begeistert und begann sofort mit den Vorbereitungen. Er rannte hin und her, um alles rechtzeitig fertigzustellen.

Als der große Tag endlich gekommen war, war der Wald voller Tiere und die Stimmung war fröhlich. Der Hase war aufgeregt und hatte viele Ideen für Spiele und Aktivitäten. Der Igel hingegen sorgte dafür, dass sich jeder willkommen und wohl fühlte. Er nahm sich Zeit, um jeden einzelnen Gast persönlich zu begrüßen und sich mit ihnen zu unterhalten. Er war ein guter Zuhörer und interessierte sich für die Geschichten und Erfahrungen der anderen.

Am Ende des Tages saßen der Hase und der Igel zusammen und genossen den Sonnenuntergang. Sie sprachen über ihre Unterschiede und wie sie sich trotzdem so gut verstanden. Der Hase sagte: "Du bist so anders als ich, Igel, aber ich schätze dich und deine Art, die Welt zu sehen."

Der Igel lächelte und antwortete: "Genau das ist es, Hase. Wir können nicht anders sein als wir sind, aber wir können lernen, einander zu akzeptieren und zu respektieren. Das ist wahre Nächstenliebe."

Liebe Leserinnen und Leser,

Mit dem Ende dieser magischen Fabeln möchten wir euch daran erinnern, dass die wahren Schätze des Lebens oft in den kleinen Dingen verborgen liegen. Möge dieses Buch euch daran erinnern, dass Mut, Freundschaft und Liebe die stärksten Zauberkräfte sind, die wir besitzen. Möge es euch inspirieren, eure Träume zu verfolgen und euer Herz für die Wunder der Welt zu öffnen.

In einer Welt voller Herausforderungen und Veränderungen mögen diese Geschichten euch daran erinnern, dass es immer Hoffnung gibt und dass das Gute letztendlich über das Böse siegen wird. Möge die Magie dieser Fabeln euch auf eurem eigenen Abenteuer begleiten und euch daran erinnern, dass ihr selbst die Schöpfer eures eigenen Märchens seid.

Danke, dass ihr diese Reise mit uns gemacht habt.
Möge euer Leben
immer von Magie, Abenteuer und Liebe erfüllt sein.

Mit herzlichen Grüßen,
Sonja Daprelà